DANGER ET SALUT

ROUEN

A. LE BRUMENT, LIBRAIRE,

Rue Jeanne-Darc, 11.

JUIN 1871

DANGER.

I.

Il n'est pas aujourd'hui un cœur français qui, profondément ému des maux qui nous affligent, des ruines qui s'accumulent de toutes parts sur le sol de notre malheureuse patrie, des crimes odieux qui la déshonorent, ne doive se demander à quelle cause imputer ces catastrophes, et ne cherche le moyen d'en éviter le retour.

Nous aussi, nous avons ressenti cette impression douloureuse, nous nous sommes posé ces questions et nous avons cherché ç les résoudre.

Quel sujet plus digne de nos méditations et quelle solution immédiate n'appelle-t-il pas?

Aux yeux de tous, le mal est profond,

et on peut même dire qu'il est général, tant ses racines sont étendues ; mais pour bien l'apprécier, c'est à son centre même qu'il importe de sonder froidement sa nature : aussi est-ce sur Paris, si splendide hier, si affreusement ravagé aujourd'hui, que nous croyons devoir porter d'abord notre attention.

Paris était naguère la gloire de la France ; on nous citait ses monuments, ses richesses artistiques, l'esprit de ses écrivains, la science de ses savants : Paris semblait résumer nos gloires.

On nous avait vanté son héroïsme en face de l'étranger. A lui seul il avait sauvé l'honneur du pays.

Voilà ce que l'on disait encore il y a deux mois.

Et aujourd'hui, Paris s'est laissé marquer au front par le crime d'un stigmate indélébile. Par sa faiblesse et son apparente impuissance en face d'une révolution sans prétexte, il est devenu la honte de la France et un danger redoutable pour la société.

Honte ! le mot est dur sans doute, il le

paraît surtout en face de ces ruines encore fumantes, accumulées par la main de vandales. Nous voulons croire que ce sont des étrangers qui ont poussé à ces infamies; mais au près d'eux, combien étaient d'enfants de Paris. Aussi devons-nous dire franchement notre pensée; le temps des flatteries est passé.

Oui, il est honteux pour une ville qui était à la tête de la nation, de s'être livrée sans combat à une poignée d'aventuriers. Il est honteux pour une ville de deux millions d'habitants d'avoir subi, comme ses mandataires quasi-légaux, une bande d'individus sans prestige, sans moralité, sans talent, qui, en son nom, au nom de la Commune de Paris, ont failli bouleverser la France!

La garde nationale de Paris, dans sa grande majorité, a été l'instrument ou la complice de l'anarchie politique érigée en dogme par les Pyat et les Delescluze, et il n'est que vrai de dire que, sans le secours de la France, personnifiée dans une armée héroïque, la Divinité, la Justice, l'honneur national étaient foulés impunément aux pieds par un parti qui pouvait invoquer pour justifier son audace l'assentiment tacite de la majorité.

Est-ce à dire cependant que nous veuillions oublier que dans Paris se rencontrent aussi de nobles cœurs, capables de défendre la Divinité, la Justice et l'honneur national.

Loin de nous cette pensée; mais là moins qu'ailleurs encore, ils forment noyau pour s'assister et s'affirmer ensemble!

Ce que les élections de Paris n'ont cessé de montrer jusqu'au dernier jour, c'est que la majorité y est acquise à ceux qui détruisent les grands principes sociaux, et non pas à ceux qui les défendent! et que si la France ne réagissait pas contre cette aberration de de la ville prétendue la plus civilisée de l'Europe, notre pauvre patrie tomberait moralement au-dessous des nations les plus justement discréditées.

Il est vrai que le succès de cette majorité du désordre s'explique par un fait presque aussi déplorable, l'*abstention* d'une portion considérable du corps électoral.

Cette abstention ne se manifeste pas seulement au moment de l'élection. Elle s'étend à toutes les occasions où il s'agit de faire acte de citoyen ; c'est une véritable plaie sociale contre laquelle, depuis longtemps, les gens réfléchis ne cessent de protester. Car, il est reconnu que ceux qui s'abstiennent ne sont pas, à proprement parler, des hommes de désordre ; ceux-ci, parfaitement disciplinés pour la lutte, s'avancent toujours au scrutin en bataillons compacts et obéissent à un mot d'ordre parfaitement déterminé. Les abstentionnistes sont des gens qui, au fond, ont intérêt à la conservation des principes éternels de toute société, de la propriété, notamment ; ce sont des gens qui possèdent, de ceux-là donc que, par cette raison même, on doit ranger dans la catégorie des conservateurs.

Cependant, chose étrange, cette masse, dont l'influence sur le scrutin serait décisive, cette puissance qui, si elle joignait ses efforts à la phalange trop peu nombreuse des défenseurs de la société, lui assurerait un éclatant triomphe, se désintéresse de la lutte, assiste toujours passive, parfois moqueuse, au succès de la révolution sociale, et encourage l'audace de ses apôtres par sa coupable apathie.

Comment expliquer cette attitude ? Les adversaires de l'empire, et nous déclarons n'avoir jamais compté parmi ses défenseurs, ont, à cet égard, un thème auquel nous reconnaissons quelque apparence de justesse, mais qui ne nous suffit pas encore.

Ses vingt années de domination ont énervé la France, ont détruit le sens moral, ont paralysé partout l'initiative indépendante des honnêtes gens. C'est bien vrai, mais ce n'est pas assez.

En vingt années, une nation ne se laisse pas énerver, si elle ne porte pas en elle le germe de cette apathie politique que le césarisme a soin d'encourager pour son compte.

Les nations, on l'a dit souvent, n'ont que le gouvernement qu'elles méritent. Nous méritions l'empire, puisque nous l'avons subi.

Mais quel est donc le sentiment qui peut développer chez un peuple cette aptitude au césarisme, et cette inertie en face des progrès de la révolution.

Si nous voulons le connaître, recherchons, d'abord, par quels signes généraux il se révèle. La province n'en est certes pas exempte, mais Paris, à lui seul, en résume les traits frappants : l'amour exagéré du bien-être, l'esprit de spéculation remplaçant le travail laborieux et persistant; le culte de la matière se manifestant d'une façon énergique par le luxe de la table et l'insolence des courtisanes; le défi audacieux jeté par la presse, par les romans, par les théâtres, à tout ce qui constitue la croyance des peuples forts : c'est-à-dire la foi en Dieu, en l'honneur, et le culte de la famille, avec ses deux bases sacrées, la sainteté du mariage et le respect de l'autorité paternelle.

Ces signes, on les a vus se manifester à Athènes et à Rome, au temps de leur plus grande splendeur matérielle.

Elles se disaient aussi à la tête de la civilisation. Elles surprenaient le monde par la richesse de leurs monuments, le talent de leurs artistes, le génie de leurs orateurs, et cependant, travaillées profondément par la corruption la plus éhontée, elles étaient à la

veille de leur ruine, et cette ruine devait
entraîner les nations dont ces cités étaient
la tête, et qui avaient eu le malheur de se
trouver absorbées par elles.

Nous demandons à tout homme de bonne
foi en quoi la civilisation dont Paris mo-
derne s'honore, diffère de celle qui, à la
veille de leur ruine, attirait l'attention du
monde sur Athènes et sur Rome?

Dieu y est-il plus respecté, le mariage y
est-il plus honoré, l'autorité paternelle en-
tourée de plus d'égards?

Et si ces traits saillants sont les mêmes,
faut-il redire, avec l'histoire, de quels
désordres moraux ces faiblesses sont la
conséquence?

C'est que Paris n'a plus de foi religieuse!
Ses monuments, à lui, sont l'Opéra et le
Palais-de-l'Industrie. Il a le culte de la matière. Son horizon ne dépasse pas le terme
de la vie humaine; c'est en elle qu'il con-
centre toutes ses espérances et tous ses plaisirs, et il appelle à son secours les progrès
d'une civilisation purement matérielle pour
en multiplier les jouissances et en embellir
les instants trop vite écoulés.

Paris ne croit plus en Dieu, il a désappris en même temps la notion du devoir; le devoir impose souvent des gênes sérieuses, même lorsqu'on ne le considère que dans ses rapports avec les obligations du citoyen.

Nous ne parlons pas de l'esprit de sacrifice, source de la véritable grandeur; peut-il se concilier avec cet égoïsme monstrueux qui masque, sous le nom de progrès et de civilisation, des doctrines dont la seule raison d'être est qu'elles flattent le développement de nos vices et de nos passions.

Le *moi* est aujourd'hui la raison suprême des actions du plus grand nombre; la patrie, la famille sont sacrifiées sans remords à cet objectif qui n'admet pas de réplique; et c'est là au fond la seule raison de cette apathie politique qui est l'une des plaies de notre temps.

Qu'importent à ces électeurs que la voix de la patrie les appelle à choisir des représentants légaux de leurs droits de membres d'une cité, d'un département ou d'une nation? Ne croient-ils pas avoir rempli leurs obligations par l'acquit mensuel de leurs cotes d'impôts, et ont-ils vraiment le temps d'entrer dans ces combinaisons préparées de longue main, de s'associer à cette entente préalable qu'exige l'accomplissement de tout acte politique. C'est affaire aux fonctionnaires et à l'État de les défendre ; c'est affaire à eux d'assister en curieux aux luttes qui s'engagent, et de perdre le moins possible du temps consacré à leurs plaisirs.

Quant aux honnêtes gens, qui se préoccupent sérieusement de défendre la société menacée et qui leur adressent un appel pressant et désintéressé, ils ne voient en eux que des ambitieux travaillant pour leur compte, et ils assistent avec la placidité du spectateur de nos scènes théâtrales à ces luttes électorales, à cette propagande de la mauvaise presse dont eux-mêmes sont en résumé l'enjeu.

Mais bientôt les luttes de la rue succèdent aux luttes du scrutin ; ils voient grossir l'orage et ne s'en inquiètent pas. Ne prenant point part à la lutte, pourquoi donc auraient-ils rien à craindre des vainqueurs ? Au pis aller, qui les retient dans un endroit

plutôt que dans un autre ; ils s'accommo-
dent assez bien d'un cosmopolitisme banal,
et le jour du danger les voit disparaître,
laissant à d'autres le soin de défendre un
ordre social avec lequel ils n'ont guère d'autres relations que celles de contribuable à
percepteur.

Paris est donc essentiellement responsable
de la crise odieuse que nous traversons.
Elle est due surtout à l'inertie causée par
un affaissement général des esprits et des
consciences.

Mais cet exemple ne rencontre-t-il pas en
province de trop fidèles imitateurs?

La province ne fournit-elle pas à Paris un
grand nombre de ces oisifs opulents qu'at-
tirent les jouissances faciles, le luxe et ses
raffinements, et qui viennent planter là leur
tente, se dérobant sans scrupule aux obligations de famille et de position qui devraient
les retenir chez eux, pour n'avoir plus souci
que de leur personne et ne plus songer
qu'à leurs plaisirs?

Et en province même, l'ordre moral est-il
toujours bien rigoureusement observé?

N'a-t-on pas les mêmes faiblesses pour les mêmes attaques à tout ce qui est digne de nos respects? Sé passionne-t-on plus vivement pour les devoirs de l'homme et du citoyen? En comprend-on beaucoup mieux les obligations?

La famille y est-elle plus solidement constituée, ou n'y rencontre-t-on pas les mêmes lacunes?

La famille! avec sa hiérarchie qui commande le respect, avec l'enseignement de l'obligation du travail et du dévouement sous toutes ses formes, n'y a-t-elle pas son organisation, sinon viciée, du moins appauvrie?

Où sont ces rameaux nombreux dont la diffusion faisait autrefois la richesse de l'État et l'orgueil de la patrie?

Où sont ces éducations vigoureuses qui apprenaient à l'enfant à se courber d'abord sous le joug de la discipline, et lui enseignaient plus tard à faire de sa fortune un emploi honorable pour lui et utile à ses concitoyens?

Le mariage a-t-il mieux conservé son

rang d'institution sacrée? Constitue-t-il l'aspiration légitime de la jeunesse ou la halte d'une existence à moitié dépensée?

Combien comprennent encore la nécessité de subordonner leur conduite et leur vie à cet ordre moral qui suppose l'obéissance à une loi supérieure, à une puissance tutélaire, à la divinité?

Assurément, toutes ces défaillances, nous les voyons chaque jour se produire sous nos yeux, et la province, qui y participe, n'a pas même l'excuse du tourbillon vertigineux qui, à Paris, entraîne les faibles avec les mauvais.

Partout donc existent des désordres sérieux, et ces désordres sont malheureusement imputables en grande partie à la classe aisée, aux conservateurs eux-mêmes.

Riches, un trop grand nombre d'entre eux a déserté les généreuses obligations de la richesse pour composer une sorte de bohême du grand monde, ne reconnaissant d'autre loi que son caprice, d'autre règle que ses plaisirs.

Ils se défendront, sans doute, d'être confondus avec la bohême de bas étage ; et cependant, ne sont-ce pas eux qui contribuent à en exciter les appétits, précisément parce qu'ils se servent de leur fortune sans en légitimer l'usage par la pratique des vertus sociales? Oublient-ils que la supériorité morale et intellectuelle est le meilleur moyen de faire respecter la richesse?

Mais c'est assez parler des signes caractéristiques du mal qui nous ronge, nous avons promis d'en indiquer le remède.

SALUT.

II.

Quel est le moyen de relever le caractère national en le retrempant aux sources de la véritable grandeur?

Quel est le moyen de sauver la société?

Il en est un que nous entendons souvent invoquer par un grand nombre de conservateurs.

Une société ne leur paraît pas en danger lorsqu'elle dispose, pour la répression du désordre, de moyens énergiques, rapides et décisifs.

Mais la réflexion fait bien vite comprendre que c'est là un préservatif dont l'emploi, douloureux et toujours rare, ne peut intervenir qu'en cas d'absolue nécessité : c'est un moyen de protection, mais non de guérison. Une société ne peut rester constamment sur la défensive, et elle ne peut offrir de stabilité ni se développer normalement, à moins que les divers éléments qui la composent, n'unissent leurs efforts dans un accord harmonieux.

Cet accord n'est possible que si ses différentes classes acceptent librement l'obéissance à un ordre moral qui enseigne à chacune le sentiment de ses devoirs et l'énergie nécessaire pour les remplir.

Or, la base de tout ordre moral est la croyance en Dieu.

La croyance à un Dieu éternel rémunérateur de la vertu et vengeur du crime, est le seul stimulant capable d'inspirer à tous la notion, souvent sévère, du *Devoir;* le seul *frein* assez puissant pour maîtriser les passions cupides; la seule espérance qui puisse réconcilier avec leur sort les deshérités d'ici-bas, en leur donnant l'espoir assuré d'une récompense éternelle pour leurs souffrances vaillamment supportées!

Mais ce n'est pas une foi spéculative en Dieu qui peut suffire à sauver la société.

C'est une foi pratique et active, vivifiant aussi bien les actes de la nation, considérée dans son ensemble, que ceux du citoyen pris individuellement ; il faut que cette foi domine les lois et les mœurs ; qu'elle soit partout apparente, au foyer domestique et dans la vie publique ; il faudrait même que nul ne pût être assez audacieux pour y porter publiquement atteinte sans que le blâme de tous et même la répression de la loi fût la sanction de sa témérité.

Nous considérons comme des hommes dangereux et punissables ces fanatiques qui promènent en ce moment des torches incendiaires sur nos monuments, qui creusent les mines destinées à les renverser, et nous ne croyons pas trouver de châtiments assez sévères pour venger la société de leurs forfaits : c'est justice.

Mais sommes-nous donc assez aveugles pour ne pas comprendre que si, dans une ville comme Paris, il a pu se rencontrer une population de cent mille individus capables de s'associer à ces odieux forfaits, c'est parce que cette population malheureuse a perdu la notion d'un Dieu juste, rémunérateur et vengeur.

Nos contemporains ont laissé faire ceux qui, dans l'esprit du malheureux, ont éteint cette croyance ; non-seulement ils les ont laissé faire, mais eux, les favorisés du sort, ils y ont applaudi peut-être, se trouvant ainsi plus libres de jouir sans scrupules des douceurs de l'opulence, et de s'affranchir des obligations qu'impose la fortune ; et ils s'étonnent qu'à leur tour ces déshérités, sentant leurs bras armés, se soient insurgés contre les fragiles barrières que leur opposaient nos lois pénales !

Non, il est temps de revenir d'une aussi funeste erreur ; si Dieu n'existe pas, si une autre vie ne doit pas réparer toutes les injustices d'ici-bas, ceux-là seuls sont logiques qui sèment Paris de sang et de ruines, car leur misère n'est point justifiée et la richesse des autres est un insolent défi à leur pauvreté.

Mais si Dieu existe, comme le confessent toutes les consciences qui ne sont pas faussées, les sociétés ne sont-elles pas obligées, sous peine de se suicider elles-mêmes, de faire respecter ce dogme social; ne doivent-elles pas déclarer une guerre sans trêve ni merci, non-seulement à ceux qui prennent les armes contre elles parce qu'ils ne croient pas à Dieu, mais à ceux qui cherchent à détruire la croyance en Dieu, parce que les conséquences logiques de leur incrédulité conduisent à la révolte contre l'ordre social.

Nous savons bien encore que, sur cette conclusion, cependant si évidente, nous allons rencontrer les objections ordinaires des sophistes; ils invoqueront de grands mots et voudront peut-être soutenir, au nom de je ne sais quel fallacieux prétexte de liberté, que demander à la société de punir ceux qui se font les soutiens de l'athéisme, c'est faire intervenir l'Etat dans les questions de religion, c'est porter atteinte à la liberté de conscience, à la liberté des cultes.

A la liberté des cultes? Non, sans aucun doute, car quel est le culte de ceux qui ne croient pas en Dieu?

A la liberté de conscience? pas davantage, car nous ne demandons pas à la société de scruter le for intérieur de l'homme, mais d'atteindre ses actes lorsqu'ils s'affichent au grand jour.

Ce que nous voudrions voir refuser à l'athée, c'est le droit de se faire l'apôtre de ses stériles et déplorables doctrines, c'est le droit de chercher à faire des prosélytes par la manifestation publique de ses théories insensées ; ce que nous lui contestons, c'est le droit de travailler, avec un brevet d'impunité sociale, à fausser la notion du bien qui vacille dans les cœurs faibles ou souffrants.

Qu'il garde pour lui-même le droit funeste de ne pas croire en Dieu ; c'est une question à débattre entre sa conscience et lui. Mais au moins prenons des mesures préventives contre la contagion de ses théories ; faisons le vide autour de lui comme on le fait administrativement autour des maladies épidémiques qui déciment nos villes ou nos troupeaux ; qu'il se suicide moralement, comme individu, il en a la liberté ; mais que la société lui permette de pousser les autres au suicide, c'est là une faiblesse coupable que les hommes de bon sens doivent se reprocher d'avoir trop longtemps tolérée.

Mais alors, nous dira-t-on encore, vous faites intervenir l'Etat dans les questions de religion.

Oui, sans doute, si par religion vous entendez le respect inviolable d'un principe sans lequel aucune loi répressive ne se justifie, aucune société ne peut subsister. Nous ne comprenons pas l'indifférence en pareille matière, et prétendre qu'une société doit assister impassible à la lutte dirigée contre un *axiome* qui est la clef de voûte de tout édifice social, c'est à nos yeux un sophisme dont les événements actuels démontrent jusqu'à l'évidence l'absurdité colossale.

Dans la constitution d'un pays civilisé, il faut que l'idée de Dieu domine tout; que ses conséquences vivifiantes animent la législation, président à l'éducation de la jeunesse, soient le fondement indestructible de la morale publique et privée, et nous considérons comme les plus dangereux ennemis de l'ordre ceux qui, sous couleur de liberté de discussion, prétendraient se réserver le droit d'y porter atteinte.

Leur tentative impie doit encourir la sévérité de nos lois, et nous demanderions qu'on leur appliquât, sans hésitation, les dispositions pénales qui répriment l'*outrage à la morale publique et religieuse*.

C'est par la coupable connivence de doctrines juridiques inconséquentes, qu'on a pu considérer que la manifestation publique, même calme et mesurée, de l'athéisme et du matérialisme ne tombait pas sous l'application de la loi pénale.

Nous rappelons ici, parce qu'elle juge la question, la belle définition que le garde des sceaux donnait, à l'occasion de la loi de 1819, *de la morale publique et religieuse* :

« La morale publique est celle que la
« conscience et la raison révèlent à tous les
« peuples, comme à tous les hommes, parce
« tous l'ont reçue de leur divin auteur en
« même temps que l'existence. Morale con-
« temporaine de toutes les sociétés que, sans
« elle, nous ne pouvons pas comprendre,
« parce que *nous ne saurions les comprendre*
« *sans les notions d'un Dieu vengeur et rému-*
« *nérateur du juste et de l'injuste, du vice et*

« *de la vertu ;* sans le respect pour les au-
« teurs de nos jours et de la vieillesse, sans
« la tendresse pour les enfants, sans l'amour
« de la patrie, sans toutes les vertus, enfin,
« qu'on trouve chez tous les peuples, et sans
« lesquelles tous les peuples seraient con-
« damnés à périr.

L'illustre Cuvier n'était pas moins expli-
cite :

« Le but de la morale publique, seule
« base de l'ordre social, consiste dans ce
« sentiment religieux qui détermine chacun
« à rendre au Créateur de l'univers le culte
« qu'il croit lui devoir, qui *fait chercher* à
« chacun *dans l'existence de la divinité et*
« *dans une vie à venir, la sanction des devoirs*
« *qu'il doit remplir dans ce monde.* »

Voilà ce que nous demandons qui soit
proclamé, voilà ce que nous voudrions que
la justice fît respecter ; et nous n'avons pu
lire récemment, sans en gémir, les déplorables arguments à l'aide desquels la presse
athée s'est efforcée d'obscurcir le grand acte
de réparation sociale par lequel l'Assemblée
nationale a préludé à la répressiondes actes

insensés qui souillent en ce moment Paris et la civilisation française.

L'Assemblée nationale a bien fait de placer la France sous la protection d'une invocation suprême à la Divinité.

Depuis trop longtemps, comme l'a dit M. de Melun, Dieu était oublié parmi nous.

La Nation se ralliera à cet appel.

Voilà le terrain précis sur lequel la lutte doit être engagée, et nous devons nous y maintenir à peine d'une inévitable déchéance.

Mais, pour y parvenir, les lois seules seraient impuissantes. *Quid leges sine moribus ?*

Le concours du pouvoir serait lui-même insuffisant, il faut l'adhésion énergique, la coopération volontaire de tous ceux dont l'esprit n'a pas perdu la notion du vrai.

Cet effort concerne surtout la partie éclairée et aisée de la nation. C'est d'elle que l'exemple doit partir, et malheureusement, prise dans son ensemble, elle n'est pas religieuse ; la négation de Dieu y est rare, mais l'affirmation y est plus rare encore, l'affirmation pratique surtout.

Dans la société, on oublie que l'idée de Dieu doit s'associer étroitement à tous les actes de la vie et présider à tous les devoirs, aussi bien à ceux du citoyen qu'à ceux du père. On croit pouvoir se mouvoir et exister sans prendre parti entre la négation et l'affirmation, et les chefs de famille transmettent ainsi à leurs enfants un exemple qui influe sur leur vie entière et en vicie le principe.

La crise que nous traversons doit nous faire comprendre le danger de ce compromis fatal entre notre conscience et nos actes.

La Révolution, elle, ne s'y méprend pas ; partout elle s'attaque à la foi religieuse, sachant bien qu'elle est la base de l'ordre social, et nous, conservateurs, nous ne courrions pas à cette brèche pour la couvrir contre les attaques de l'ennemi !

Arrière les sophismes, arrière les faux prétextes de liberté. Nous avons deux adversaires : l'indifférence et la licence ; à celle-ci nous devons refuser des armes, à celle-là le danger social évident ne doit plus laisser de prétextes.

Que la patrie nous trouve unis pour son salut. Si la politique nous divise, que la foi en Dieu fasse de nous le faisceau qui, sous toutes les formes de gouvernement, doit donner au pays de généreux soutiens de sa grandeur

Engageons donc ensemble cette croisade sacrée. Tous, monarchistes et républicains, pauvres et riches, nous y avons un égal intérêt. Concourons à sauver la société, et sauvons-là par Dieu.

Rouen. — Imp. L. Deshays et C⁰, rue Saint-Nicolas, 30.